Manipulação & Linguagem corporal

As pessoas manipulam e reconhecem mentiras. Saiba tudo sobre Psicologia e manipulação, como lidar com pessoas e força mental Livro

Psicologia geral: **Volume 2**

Índice de conteúdo

Manipulação e linguagem corporal

Há uma suposição interessante na psicologia desde os anos 80. Assume-se que cada ser humano é um manipulador. Não apenas em certos momentos, mas sempre! Até um bebê consegue dominar esta habilidade. Porque através dos seus gritos manipulam os pais, porque grita para ser alimentado. Os pais, manipulam seus filhos com castigos e recompensas.

Isto é chamado uma medida educacional para orientar as crianças em uma determinada direção. Mesmo numa relação amorosa há muita manipulação. As pessoas usam o cuidado ou a retirada do amor para este fim. As emoções resultantes são um banho alternado que tem um efeito manipulador. Deve dar à relação amorosa o tempero certo, para que o interesse não se perca. Em todo o lado na vida, o diabo sai manipulando: nos tempos livres, no trabalho, nas compras, com os amigos, na família.

Se esta hipótese for verdadeira, as pessoas não

fazem nada sem um certo motivo para melhorar suas próprias hipóteses. Mesmo que a manipulação nem sempre seja feita conscientemente, há cálculos por trás dela. Há toda uma gama de técnicas de manipulação que as pessoas dominam até ao mais ínfimo pormenor. Quem encontra uma pessoa manipuladora que só se deixa ver na melhor das luzes pode sofrer grandes danos?

Como essas pessoas são muito gentis e encantadoras, as verdadeiras intenções nem sequer são vistas. O teu comportamento só serve para te guiar numa determinada direção. Talvez experimente este sentimento estranho que o faz pensar. Estás a pensar que algo está errado. Põe rapidamente esta forma de pensar de lado, porque não queres aceitar o pior. Gostava que tivesses ouvido o teu instinto mais uma vez.

Quando você finalmente perceber que caiu na armadilha da manipulação, já é tarde demais. Real manipuladores magistralmente conseguem esconder as verdadeiras intenções muito bem.

As preocupações que você tem com seu caráter se transformam em uma consciência culpada num piscar de olhos. Ou pior, na autodúvida, que vem automaticamente para ti. Às vezes eles dominam a manipulação tão magistralmente que até acreditam nos seus próprios enganos. Você vai encontrar manipulação na publicidade em grande escala.

Estes não são apenas os folhetos bonitos que você tem regularmente em sua caixa de correio, mas também os intervalos comerciais na televisão, que interrompem o filme em intervalos regulares, sempre que ele fica particularmente emocionante. Mesmo que você use esta pausa para ir à geladeira, as palavras-chave da publicidade ficarão na sua memória. Estes serão salvos inconscientemente se o seu interesse tiver sido desperto. Você provavelmente também sabe disso: do nada você está interessado em uma determinada coisa, sobre a qual você ainda não pensou.

Você se senta no computador e faz pesquisa, talvez até mesmo obter ofertas sobre um item especial e acreditar que esta coisa enriquece sua vida.

Ops! Depois, a indústria publicitária conseguiu manipular-te. A manipulação tem muitas faces diferentes. A manipulação também funciona com a linguagem corporal. Mas há maneiras e meios de reconhecer a manipulação e de se proteger contra ela.

O que significa manipulação?

O termo manipulação é uma combinação das palavras latinas "manus" (mão) e "plere" (preencher) e pode ser traduzido como "manipulação". Uma vez que a manipulação é uma influência oculta, ela é muito frequentemente usada em psicologia, sociologia e política. Serve para disfarçar habilmente verdadeiras motivações e motivá-lo a fazer coisas que você realmente não quer fazer. Você não vê através dos verdadeiros motivos dos manipuladores. Há muitas razões pelas quais as pessoas são manipuladas. O foco está no interesse próprio e nas vantagens que aproximam o manipulador do seu objetivo.

A expressão do comportamento manipulador pode ser apresentada de diferentes maneiras e não significa imediatamente que haja um transtorno de personalidade. No entanto, se as manipulações podem ser equiparadas ao narcisismo, é uma desordem de personalidade anti-social.

Se um comportamento egoísta e fraudulento

resultar, fala-se de uma psicopatia, um transtorno grave de personalidade.

Manipulação nem sempre é sinônimo de exploração direcionada. Pense nos nossos políticos que fazem grandes discursos. Você repreende os outros partidos, acusa-os de má conduta e usa palavras para evocar uma ilusão impressionante para fazer você acreditar que seu partido está fazendo tudo melhor. Esta manipulação serve como "propaganda". Propaganda não significa nada mais do que manipular opiniões para mudá-las e direcioná-las em uma direção diferente.

Os políticos difundem ideias ideológicas com seus discursos para manipular a população com pontos de vista, opiniões e o dedo levantado. Com a linguagem corporal, a voz e as palavras certas, um povo inteiro foi manipulado. Hoje não é diferente. Quem olhar para os diferentes noticiários ou ler diferentes jornais diários, recebe a mesma informação em diferentes pacotes.

Por detrás disto está a formação de opinião e a manipulação. Para as informações transmitidas é atribuída uma ponderação diferente.

O resultado é uma imagem diferente e mostra claramente em que direção a informação é direcionada. A fim de reconhecer isso, as informações devem, naturalmente, ser questionadas e verificadas quanto ao conteúdo da verdade. O ser humano luta basicamente por uma vida sem influência emocional, onde decide autonomamente e livremente. A razão e a paixão devem ser a base das próprias decisões e não o resultado da manipulação. Portanto, é importante que você reconheça quando está sendo manipulado. Uma vez adquirido esse conhecimento, você pode se defender contra a manipulação, neutralizá-la ou até mesmo usá-la para seus próprios propósitos.

Onde é que as pessoas encontram a manipulação?

A manipulação é onipresente. A sugestão é usada como uma alavanca eficaz para ajudá-lo em suas ações, para influenciar o pensamento e o comportamento. Nenhum ser humano é imune à manipulação e pode ser direcionado em uma direção específica.

No entanto, aqueles que lidam com o tema, adquirem muito conhecimento e sabem quais técnicas são utilizadas e podem reconhecer as manipulações, questioná-las e até mesmo resistir a elas. Se influenciar é a razão para a manipulação, é mudar e remodelar decisões, opiniões, atitudes, pensamentos e ações. Para este fim, diferentes tipos de influência são usados para mudar a vontade, a atitude, a perspectiva e até mesmo a personalidade. Há um amplo campo para manipulação com diferentes efeitos.

- ➤Auto-sugestão ou auto-influência

- ➤Valores

- ➤Definições religiosas e fé

- ➤Educação

- ➤Família e parceria

- ➤Local de trabalho, superior e chefe

- ➤externo Aparência (vestuário, linguagem, ➤Voz, aparência, linguagem corporal...)

- ➤World Wide Web e Canais de Mídia Social

- ➤Publicidade (jornais, revistas, folhetos...)

- ➤Mídia (televisão, rádio...)

- ➤público Eventos

A manipulação se dá através da lisonja, da superioridade demonstrativa, da provocação e da geração de emoções, porque isso atrai a atenção. Há maldições, ameaças, cortesias especiais são destacadas, sentimentos positivos e desejos são despertos. Em combinação com uma chamada à ação, a manipulação é perfeitamente bem sucedida. Outros mecanismos de influência incluem:

☐ ➤a Escolha do idioma

☐ ➤uma maneira simbólica de se expressar e

☐ ➤a linguagem corporal.

☐

Dê uma olhada mais de perto na publicidade na televisão sob estes aspectos. O que vês? As curtas sequências publicitárias sempre apelam para uma determinada faixa etária. Se, por exemplo, um creme é anunciado para aliviar a dor articular, o anúncio refere-se a pessoas com mais de 60 anos. Quando se trata de agilidade, um estilo de vida desadaptado, liberdade e aventura, os jovens podem ser vistos na tela. Os fabricantes de automóveis gostam de utilizar clichês na sua publicidade e sugerem que tudo pode ser feito quando este carro em particular é conduzido. Assim, a publicidade destina-se exatamente ao grupo-alvo desejado como futuros clientes.

Este tipo de manipulação transmite o sentimento que é ativamente escutado. O manipulado sente-se levado a sério. A publicidade e a política usam a chamada pirâmide de persuasão para a sua manipulação. Consiste em vários níveis, que são compostos da seguinte forma: da ponta à base:

- ➤O topo é o conteúdo,
- ➤a parte do meio é a voz e
- ➤o pedestal dá personalidade.

Como mostra a pirâmide, as pessoas estão convencendo através de sua personalidade e voz. O foco é menos no conteúdo ou no produto. Assim, as pessoas manipuladoras possuem uma expressividade e naturalidade especiais. Ele irradia autoconfiança. Você não gasta muito tempo e esforço para se apresentar corretamente e manipular os outros. Você pode eliminar rapidamente a resistência e as preocupações e tem o dom de combinar suas próprias visões com as ideias do entrevistador ou ouvinte. O efeito é intensificado pela repetição constante. Certas palavras e conteúdos de palavras são usados para guiar outras pessoas na sua própria direção. Nada mais que te faças com a auto-sugestão se quiseres mudar alguma coisa. As frases e palavras escolhidas são, portanto, de grande importância para aumentar o efeito.

Este poder de expressão é muito frequentemente utilizado por profissionais de publicidade, políticos, terapeutas, médicos e pedagogos sociais.

O cientista de comunicação, filósofo, psicoterapeuta e autor austríaco-americano Paul Watzlawick descreve um fenômeno extraordinário em seu livro "A possibilidade da alteridade". Então ele escreve que conseguiu remover verrugas de uma criança com palavras. Isso parece absurdo no início. No entanto, existe uma reação psicossomática por detrás disto, que provoca um estreitamento dos vasos sanguíneos e a verruga simplesmente morre. Uma moeda é usada para transferir a propriedade da verruga para outra pessoa. Normalmente isto funciona e mostra o poder que as palavras faladas têm sobre as pessoas.

É por isso que as palavras podem ser usadas como uma arma perigosa. Podem ferir, deixar feridas profundas e causar dor. Você encontrará influência verbal todos os dias ao lidar com palavras. Para este efeito, os conteúdos das palavras são reinterpretados ou mesmo torcidos no uso linguístico.

Em vez de terrorista, é utilizada a palavra combatente da liberdade, trabalhador convidado para contratar trabalhadores estrangeiros. Há uma série de exemplos.

Além disso, há também essas palavras emocionais, que expressam qualidade de vida e disseminam fatos aparentes. Eles são usados para fazer com que as coisas pareçam especialmente boas.

Um bom exemplo: você certamente já fez compras frequentes nas muitas lojas online, leu as opiniões dos clientes com antecedência e confiou na satisfação do cliente. Infelizmente, não está claro quantos clientes realmente expressaram sua satisfação. Por exemplo, se 20 declarações foram escritas sobre o produto e 15 delas foram positivas, parece existir um elevado nível de satisfação do cliente. Mas e os muitos outros clientes que não se deram ao trabalho de escrever um comentário? Basicamente, o resultado da satisfação do cliente pode ser correto. No entanto, não é muito representativo. Para que a manipulação funcione, a incerteza é muitas vezes espalhada para dar mais credibilidade às próprias palavras. Porque as palavras esponjosas, a busca pelas palavras certas e o pouco discurso claro dão ao dito um valor mais elevado. A forma pictórica de expressão tem um efeito especial.

Aqueles que são capazes de formular palavras de forma pictórica transmitem ênfase e enfatizam a importância das palavras faladas. As imagens resultantes são memorizadas na memória de longo prazo. Este método é utilizado, por exemplo, em treino autogênico e hipnoterapia. Descrições pictóricas levam a isto, que mudanças repentinas de comportamento ocorrem. As imagens criadas têm um efeito incrivelmente convincente, que você vai encontrar dia após dia. A forma de manipulação pode ser encontrada na psicologia da publicidade e das vendas. Ao fazê-lo, orienta-se para os desejos, necessidades e influência o comportamento e as ações.

Se o manipulador consegue usar os desejos e necessidades de outras pessoas corretamente, ele pode controlar as pessoas de fora e influenciá-los de forma sustentável. A publicidade aproveita esta possibilidade de manipulação, como a Coca-Cola, com a seguinte mensagem chave:

"Faz uma pausa - bebe Coca-Cola!"

Com esta declaração, a empresa enfatiza a importância do tempo de espera, interrupção e pausa do trabalho e responde a uma necessidade humana. Desta forma, asseguram que a mesma ideia surge sempre em ligação com a Coca-Cola. O tempo é tomado para uma pausa e, ao mesmo tempo, a percepção é aguçada que só com este delicioso refrigerante o tempo fora se torna uma experiência especial.

Diferentes técnicas de manipulação

Há uma variedade de técnicas de manipulação. Eles são usados em várias áreas para alcançar os melhores resultados através da manipulação. Descobrir que não estás apenas a conversar com outra pessoa, mas em negociações, em conversas de vendas, em apresentações, em eventos publicitários, em publicidade na rádio e na televisão e na política, onde se disfarça de propaganda. As seguintes 10 técnicas de manipulação são mais frequentemente utilizadas:

1. **instinto de rebanho**
2. **método de persistência**
3. **truque de autoridade**
4. **Lei da Escassez e da Exclusividade**
5. **truque da amizade**
6. **interações**
7. **informação seletiva**
8. **argumentos convincentes**
9. **truques emocionais**
10. **Princípio da reciprocidade**

Para compreender, o que são estas técnicas de

manipulação é explicado na seção seguinte:

1. instinto de rebanho

O instinto do rebanho também é frequentemente usado para manipulação, pois as pessoas acreditam que milhões de pessoas não podem estar erradas. Isso é o suficiente para o provar. Mas quem conhece os lêmingues, sabe exatamente que o instinto da manada seduz a coisas estúpidas. Por conseguinte, há de ser cauteloso no que se refere à pressão dos pares e às revisões. Se você sabe o que é importante para você, você pode se opor ao instinto do rebanho e neutralizar esse caminho de manipulação. Um bom exemplo do instinto do rebanho é que as empresas apresentam seus produtos como os mais vendidos. Da mesma forma, aplaudir ou rir é inserido em pontos estrategicamente importantes nos talk shows. Ele é projetado para atrair a atenção e, ao mesmo tempo, fazer você rir, mesmo que a piada ou afirmação seja plana.

2. Método da inércia

Do dedo mindinho que você dá a outra pessoa rapidamente se tornará uma apropriação completa. Este método corresponde ao princípio do "pé na porta" e move-o para dar o primeiro pequeno passo numa determinada direção. O primeiro pequeno favor que você envia a outra pessoa é usado como um abridor de portas para influenciá-lo ou persuadi-lo mais facilmente depois. Muitas vezes é suficiente que lhe perguntem se pode dar uma vista de olhos rápida a alguma coisa. Depois, há a questão garantida de saber se vai assumir a tarefa. Devido ao método de persistência usado, há uma alta probabilidade de que você não diga não. Não decida de acordo com o princípio "Quem diz A deve também dizer B", mas escute o seu instinto. Diz-te se realmente queres ou não!

3. truque de autoridade

Esta técnica de manipulação utiliza a combinação de uma aparência confiante e convincente com argumentos credíveis.

Mas os argumentos não correspondem

necessariamente à verdade. A tecnologia funciona impecavelmente quando não há reivindicação de autoridade. A autoridade também pode ser emprestada, como fazem alguns manipuladores, que se escondem atrás de uma suposta autoridade. O objetivo por detrás disto é eliminar todas as dúvidas. A experiência de choque eléctrico do Stanley Milgram é um bom exemplo do truque da autoridade. Fica claro nos experimentos que 60 por cento dos participantes, que foram guiados por autoridades, não tinham reservas em dar aos participantes do experimento choques elétricos que causariam a morte por sua força. Após cada alegado choque elétrico, às pessoas do teste gritaram de dor, gemeram e imploraram para terminar o experimento. Mas os participantes liderados pela autoridade não se envolveram porque os especialistas os influenciaram.

Deve ficar claro para todos que o conhecimento é poder. Portanto, você deve sempre se informar quando surgir resistência. Questione o estatuto de especialista. Se lhe for negada uma resposta, os sinos de alarme devem tocar particularmente alto! Porque definitivamente há algo preguiçoso?
Vais encontrar o truque da autoridade em todo o

lado. E uma vez que você é honesto, você já convenceu as seguintes frases:

- Os cientistas americanos descobriram em estudos...
- O resultado de uma consultoria de gerenciamento bem conhecida mostrou...
- Nossos produtos são certificados com o selo de qualidade do mais ou menos renomado instituto......

4. lei da escassez e da exclusividade

De publicidade você sabe a frase "Enquanto as ações duram" muito bem. É utilizado não só nos canais de televenda, mas também em quase todos os tipos de publicidade. Isto dá ao cliente a sensação de que o produto está quase esgotado. Torna-se rapidamente claro que vale a pena lutar por este produto. Caso contrário, não seria tão popular e quase esgotado. Esses gargalos aparentes são estratégias de publicidade que você manipula ao tornar o produto atraente.

Para evitar essa manipulação, você deve descobrir onde estão suas necessidades e não se deixar pressionar. Palavras-chave como leilão, venda, pechincha ou edição especial vai influenciar a sua decisão. De repente, as coisas tornam-se uma prioridade, mesmo que não se tenha pensado nelas antes. Se você descobrir sobre tal manipulação, você não precisa ter a consciência pesada se não aceitar o pedido.

5. truque da amizade

O truque da amizade é baseado no fato de que raramente recusa um desejo a pessoas que você conhece. Com frases como "Agradável! Estou ansioso por conhecê-lo", cria-se uma atmosfera agradável. Isto abre caminho para a manipulação pelo manipulador. Você pode reconhecer este tipo de manipulação do comportamento conspícuo da contraparte. Reflete o seu comportamento, a sua linguagem corporal, as palavras faladas e as suas declarações. Um bom exemplo disso são as concessionárias de carros usados da série US Americana que têm o mesmo passatempo que o cliente especial.

<u>**6. Repetição**</u>

Se você estiver sempre exposto a repetições constantes, você será mais fácil de manipular. Porque não é por nada que o provérbio diz: "O gotejamento constante usa a pedra!" Com a repetição constante, a credibilidade das declarações aumenta. Isso equivale a uma lavagem cerebral à medida que a tendência aumenta e que você toma uma afirmação feita pelo valor nominal. Ao mesmo tempo, a consciência é aumentada, o que, inspira confiança. Um bom exemplo disso são os anúncios que são repetidos regularmente com uma frequência elevada, bem como os símbolos de marca em eventos desportivos, que aparecem uma e outra vez em muitos locais.

<u>**7. informação seletiva**</u>

Neste caso, a manipulação ocorre omitindo e realçando os detalhes relevantes. Há um âmbito criativo muito grande entre a verdade e a mentira, que é usado. É importante que você explore os possíveis interesses do manipulador. Isto dá-lhe pistas e permite-lhe ter cuidado.

Informações seletivas podem ser obtidas, por

exemplo, a partir de propaganda e estudos que buscam um objetivo pré-definido.

8. argumentos convincentes

Argumentos convincentes oferecem a oportunidade de influenciar uma pessoa individual ou um grupo inteiro. Esta forma de manipulação impede qualquer discussão adicional sobre um determinado tópico. Argumentos marcantes ou frases assassinas, por exemplo:

- Sempre foi assim!
- Não vai funcionar assim de qualquer maneira!
- Não é da nossa conta!

9. truques emocionais

A manipulação através das emoções é bastante simples, uma vez que o apelo é feito à emoção e não à razão. Se uma preocupação não for executável no nível atual, ela pode, às vezes, ser executada através do caminho emocional.

A técnica de manipulação é utilizada para limitar ou interromper a capacidade de criticar. O truque emocional com fotos tristes é usado em campanhas de angariação de fundos, cenários de horror e representações pictóricas em conversas de vendas com negócios subsequentes. A regra da reciprocidade é uma das formas de manipulação mais comumente usadas, às quais você é repetidamente exposto. É por isso que há um capítulo separado para isso.

Regra da reciprocidade, princípio da reciprocidade

Citação: *"Pagar todas as dívidas como se Deus estivesse a escrever a conta."* Ralph Waldo Emoson

Não se sabe se o puritano e o filósofo já interiorizaram o princípio da reciprocidade. No entanto, esta citação ilustra claramente a obrigação de reciprocidade. Há também inúmeros sociólogos, como Alvin Gouldner, que têm sido capazes de provar essa regra nas sociedades humanas. Pensa nas redes sociais. A coesão é criada pela reciprocidade. Em outras palavras, significa "entreajuda" ou "como você para mim, então eu para você".

Um exemplo: criar uma consciência culpada com pequenos favores é uma das técnicas de manipulação mais utilizadas. Uma sociedade que funciona baseia-se na reciprocidade e no intercâmbio.

A regra da reciprocidade descreve em termos gerais que as pessoas que recebem algo estão extremamente motivadas para dar algo em troca. O princípio da reciprocidade em relação à manipulação baseia-se na exploração, de modo que o equilíbrio entre dar e receber é perturbado porque há uma intenção especial escondida atrás da reciprocidade. A outra pessoa sente-se manipulada, causando um distúrbio na convivência.

Tenha cuidado para não deixar a armadilha de favores estalar ao manipular. Se souberem como usar corretamente o efeito da reciprocidade, serão altamente suscetíveis às influências e serão capazes de se tornar complacentes num instante. O efeito subtil cria um impacto esmagador. Você sabe que estas amostras grátis que lhe são oferecidas no supermercado ou em frente às lojas. Exatamente estas funcionam de acordo com o princípio. Os vendedores que se oferecem para cuidar de suas mãos ou "provar outro gole" são destinados à sua consciência culpada. Isso garante que você caia na armadilha da acomodação sem suspeitas.

O resultado: você compra o creme de mão grande ou o delicioso suco de frutas. Com esse golpe pérfido, promotores em supermercados, por exemplo, conseguem gerar grandes vendas. Por exemplo, Vance Packard, um super promotor dos anos 50, pediu aos clientes que cortassem uma amostra grátis do próprio queijo e vendessem 500 quilos de queijo em apenas algumas horas. Estes clientes acabaram por ser vítimas da ganância inicial.

Outro exemplo é a organização dos deficientes de guerra americanos. Nos apelos padrão para doações, eles registraram um declínio na disposição de doar de cerca de 18 por cento. No entanto, se o pedido de doação contivesse um pequeno presente, como um cartão postal, a taxa de sucesso aumentou mais de 35 por cento. Isto pode parecer desajeitado, mas tem um grande efeito. Os dons criam um sentimento de conexão e, ao mesmo tempo, um sentimento de culpa. A tensão resultante dá a motivação para fazer algo a respeito. Ninguém quer o selo do mendigo impresso neles. É por isso que as pessoas às vezes não aceitam presentes.

A ciência, é claro, também investigou isso e foi capaz de provar o seguinte:

As senhoras que são convidadas por cavalheiros são classificadas como fáceis de ter. Esta classificação é a mesma para homens e mulheres! Aqueles que caem na armadilha desta forma de manipulação são muito mais rápidos a fazer concessões. Isto aplica-se, em particular, às negociações. Pois, não se trata apenas de retribuir o favor, mas sim do seguinte: O primeiro a fazer um sacrifício tem um tempo muito mais fácil de determinar o tempo para a consideração e depois reclamá-lo.

Um pequeno exemplo: você vai ao seu chefe com o pedido de um aumento salarial de 10 por cento. Você já sabe de antemão que a sua resposta será "impossível, não possível". Tenta depois de uma pequena conversa com um aumento de 5% mais despesas... E tens o teu patrão no bolso. Acabaste de sacrificar 5% do aumento inicial de 10%. Isto tornará muito mais difícil para o seu chefe recusar o seu pedido de mais dinheiro. Dê uma olhada mais de perto na negociação coletiva em grandes sindicatos.

No início, há sempre exigências completamente exageradas. Há uma razão muito específica para isso: apesar dos cortes feitos durante as negociações, os sindicatos estão a aproximar-se muito mais do objetivo que realmente pretendiam. Aqui o jogo do princípio da mutualidade é jogado até a conclusão perfeita. Mas a prudência também é aconselhada! A sobre-estimulação leva exatamente ao oposto. A Universidade Israelense de Bar-Ilan conduziu pesquisas sobre isso. Os resultados mostraram que demanda irreal istas e exageradas negam ao parceiro negociador a seriedade das negociações.

Uma concessão posterior é vista como um endireitamento necessário e não como uma verdadeira concessão. O efeito que nem sequer querias i ocorrer:

O efeito real do princípio da reciprocidade desapareceu no ar. Mas podes defender se muito bem contra armadilhas de reciprocidade.

Uma possibilidade é que rejeites categoricamente os presentes. No entanto, nem todo dom tem a expectativa de receber algo de volta.

Há até mesmo pessoas que dão presentes porque querem fazer você feliz sem pagar uma dívida de longa data. Portanto, considere cuidadosamente se você realmente quer usar esse pequeno comportamento social. Você pode querer dar uma olhada mais de perto para ver se os presentes têm um propósito específico. Agora você tem a oportunidade de simplesmente virar o espeto e aceitar o presente. Nada mais! Aja calmamente de acordo com o que a regra da reciprocidade lhe mostra. Qualquer tentativa de te explorar, deves usar para ti.

Perturbar e depois reestruturar - Cuidado! Isto é sobre um tipo perigoso de adulteração

Especialmente se você quiser gerar grandes vendas, você deve memorizar bem estas três palavras. Mas também aqueles que querem se defender contra a DTR devem dar uma olhada mais de perto. Porque "disrupt then reframe" é a mais manipuladora e influente de todas as técnicas de venda existentes. Certamente pode haver discussões ferozes sobre se a técnica de vendas é eticamente aceitável e deve ser usada.

O fato de esta tecnologia funcionar realmente e muito bem não pode ser discutido. Até mesmo estudos científicos confirmam isto. Mas o que está por trás desse método e como ele funciona?

A simplicidade do disrupt-then-reframe tem um efeito cativante

Vamos começar com um exemplo: um sino toca na sua porta da frente e uma pessoa fica do lado de fora com postais coloridos que quer vender para uma organização de ajuda. Ele está a caminho com um bilhete de identidade feito por ele próprio e oferece-lhe supostos cartões pintados pelas mãos de crianças, que são bens em grandes quantidades na China e que lhe querem vender caro. Um pacote de oito postais coloridos vai custar-lhe \$3. Tal cenário foi estudado por cientistas americanos. Chegaram à conclusão de que 4 em cada 10 famílias tinham comprado os bilhetes pelo preço excessivo. Assim, as hipóteses de sucesso são de 40 por cento.

Os pesquisadores deram o próximo passo e usaram "disrupt then reframe". O vendedor de bilhetes à porta da frente nos disse agora que o pacote com 8 bilhetes custa 300 cêntimos. Como uma frase a seguir: "Isto é uma verdadeira pechincha!" Agora tenho a certeza que estás a pensar qual é o objetivo. Vais ficar espantado! Isso é muito para ganhar.

O vendedor ambulante conseguiu demonstrar um

sucesso de vendas de 80 por cento, duplicando o número de famílias que compraram. Agora havia 8 em cada 10 casas.

Esta técnica confusa e reinterpretada joga com a sua mente. É por isso que é classificado como perigoso e precário. Porque aqui está o que acontece:

- [ ] O primeiro passo é uma interrupção direcionada de suas rotinas e padrões de pensamento. Ainda não tinha ouvido uma oferta de "300 cêntimos". Tal oferta não é comum e toma toda a atenção porque você tem que pensar sobre quantos centavos fazem um dólar. Porque é que o vendedor não usa dólares ou euros, mas criticamente "300 cêntimos" ou cêntimos? O que está por detrás disto tudo?

- [ ] Estás num estado de caos mental. Exatamente este momento é usado para a reinterpretação. Isto deve acontecer dentro de alguns segundos. Só enquanto a confusão persistir é que o efeito desejado ocorrerá. É aqui que depois de frases como "esta é uma oportunidade única" entram em jogo. Negociações ou ofertas especiais também funcionam muito bem. Estás a ser manipulado, por isso só tens de atacar. Você está tão distraído por sua mente confusa que a reinterpretação pode se desdobrar em plena força e tamanho. Você aceita a interpretação supostamente boa e faz-se ciente de que ela só pode ser uma oportunidade única e que você não tem tempo para verificar a declaração do vendedor. No entanto, isto só funciona em lojas presenciais ou mercados. A tecnologia é menos utilizável para negociação 'online'.

Provas científicas de disrupt-then-reframe

Você está se perguntando como a tecnologia pode ser usada em outro lugar? Vários cientistas também se fizeram esta pergunta. É por isso que existem atualmente 14 estudos com várias centenas de participantes. Os resultados são incríveis.

- ☐ Houve uma maior vontade de doar.
- ☐ As pessoas são tentadas pelo método a participar em inquéritos,
- ☐ mudar de ideias
- ☐ e comprar todo o tipo de produtos.

Foi precisamente na fase de confusão que se expressaram os traços de criança. Em um bazar beneficente, os pesquisadores chamaram os cupcakes de "biscoitos" ou em outra tentativa eles simplesmente usaram uma mudança de palavras. Em vez de "algum dinheiro", "algum" foi usado, mesmo que esta constelação de palavras seja gramaticalmente completamente sem sentido. A tecnologia teve um efeito ainda maior.

Isso não deve ser um incentivo para usar "disrupt

then reframe". Em vez disso, esta declaração tem a intenção de educar e conscientizar para determinar quando você será confrontado com DTR. Infelizmente, não há uma proteção de trabalho segura. O primeiro passo que você pode dar na próxima vez que você ficar confuso antes de comprar é simplesmente não comprar nada!

Gaslighting - você está exposto à manipulação emocional?

Se você sentir que suas sensações têm sido mal direcionadas ultimamente, é bem possível que tenha sido vítima de manipulação emocional. Este tipo de manipulação chama-se iluminação a gás. Isso leva ao fato de que você aparentemente não pode mais confiar em suas próprias emoções e memórias. O gatilho para isto é uma relação familiar entre você e o manipulador. É por isso que não estás desconfiado por agora. Isto tem consequências fatais, à medida que se torna um fantoche na sua forma de pensar e com os seus sentimentos. Mas a iluminação a gás pode ser descoberta, para que possas enfrentá-la.

O que é exatamente Gaslighting?

Gaslighting é usado para um tipo especial de manipulação e descreve um tipo de abuso em que sua autoconfiança é desmontada pouco a pouco.

Vocês serão manipulados durante um período de

tempo mais longo e as dúvidas serão lançadas sobre vocês a fim de abalar e finalmente destruir a sua confiança em si mesmos.

Há uma peça do ano de 1938 por Patrick Hamilton. Chama-se Gaslight e mostra como funciona esta manipulação psicológica. Em anos posteriores, a peça também foi filmada. A versão alemã chama-se "Das Haus von Lady Lady Alquist". O marido manipulador tenta enlouquecer a mulher com pequenas coisas. Por exemplo, ele muda as fontes de luz no ambiente através da iluminação a gás e afirma que não o fez. Ele afirma que a sua mulher está errada e continua a jogar este jogo. A manipulação de acordo com este procedimento é baseada em um engano deliberado, de modo que a outra pessoa questiona sua própria percepção. O manipulador usa principalmente o seguinte esquema para esta finalidade:

- ➤enganar
- ➤negar
- ➤mentir
- ➤contradizer

A relação de confiança existente é utilizada pelo manipulador para criar incerteza e assim criar uma dependência psicológica.

O seu objetivo é controlar e manipular-te completamente. Você não deve considerar a iluminação a gás como sendo lapidária. Porque basicamente este tipo de manipulação é um abuso mental drástico, que pode até levar a que a destruição sistemática da autoconfiança e da percepção o enlouqueça. Qualquer um que seja vítima de iluminação a gás precisa de apoio psicológico. Caso contrário, as experiências não são processadas e nenhuma nova estabilidade é alcançada.

Que tipo de pessoas usam Gaslighting?

Uma vez que cada ser humano pode ser manipulado, existe o perigo de ser manipulado mentalmente. Narcisistas e líderes religiosos usam a manipulação mental com particular frequência. É como uma lavagem cerebral, que você não percebe, porque a iluminação do gás é feita muito lentamente. Mas, porque é que chegou a isto em primeiro lugar? Aqueles que se deixam manipular mentalmente vê em no manipulador uma pessoa a quem é atribuído o conhecimento abrangente e a maior competência.

Em contraste, você só se sente como uma luz pequena e discreta. Ficas emocionalmente viciado. Para te manipular, os fatos são distorcidos. Eventos de algum tipo não acontecera. O manipulador espalha mentiras, seus comportamentos e formulações causam grande incerteza. Você é feito para saber que você está errado e que tudo era ou é completamente diferente. Se você experimentar Gaslighting em sua parceria, fala-se de um relacionamento disfuncional.

Os manipuladores muitas vezes têm um transtorno de personalidade, que é representado em uma veia narcisista. Eles agem a partir de uma emoção sádica para tornar o parceiro emocionalmente dependente. Com poder e controle, querem dominar a vítima. Em muitos casos, tal comportamento manipulador surge de seu próprio medo de que você possa deixar o manipulador. Não há consideração no pensar e agir dessas pessoas. Em primeiro lugar e primeiro são os nossos próprios interesses. Para uma verdadeira compaixão, essas pessoas carecem de habilidades. Também não é possível ter discussões objetivas com eles, porque são imediatamente ofendidos, agressivos ou mesmo violentos.

Você é muito hábil em sua abordagem e tenta fazer com que os outros acreditem que estão loucos. Este abuso mental é geralmente cometido por uma pessoa próxima, como um amigo íntimo, parceiro ou até mesmo família. Em outras palavras: os confidentes que são importantes para você e em quem você confia podem tornar-se perpetradores e manipulá-lo mentalmente.

Além de penetrar em sua casa para manipular o

computador, mover objetos ao redor e danificá-los, uma manifestação extrema pode até mesmo levar a perseguição.

Embora qualquer vítima possa ser emocional, são principalmente as mulheres que são afetadas. Embora não existam estudos empíricos, a razão para a iluminação a gás em mulheres pode ser a distribuição clássica de papéis. Os homens desempenham o papel dominante numa relação a que as mulheres estão sujeitas. Mas também há mulheres entre os perpetradores. Onde quer que existam relações interpessoais, ocorrem comportamentos manipuladores.

Assim, os pais fazem com que seus filhos se sintam culpados para que mais esforço seja colocado na escola ou ajuda, seja dada na casa. As mulheres perpetradoras também flertam com outros homens para fazer ciúmes aos seus próprios maridos. Com isso, eles querem anunciar para eles novamente, comprar-lhes um relógio caro ou fazê-los dormir juntos novamente.

Estas coisas já são tentativas de manipulação, mesmo que ainda sejam bastante inofensivas. Da mesma forma, eles continuam no trabalho.

Manipulação emocional no trabalho

Em seu ambiente privado você pode evitar pessoas emocionalmente manipuladoras. Mas é difícil no trabalho. Não importa se você trabalha meio período ou tempo integral, você estará exposto a pelo menos 20 horas de ataques emocionais.

A manipulação emocional muitas vezes ocorre em conjunto com bossing e bullying. As situações surgem do nada quando um trabalhador está exposto a toda a força de trabalho e os fatos são distorcidos. Uma vez que não existe nenhum razão aparente para este ataque público, não se espera de todo um tal ataque. Há várias razões pelas quais esta abordagem é utilizada. Às vezes, a iluminação a gás pode ser usada para manter a energia de alguém.

Se o superior chega ao bullying, fica muitas vezes a tentativa por trás dele de se livrar de colegas de trabalho desagradáveis, que não podem ser terminados tão simplesmente.

Gaslighting - os sinais

O abuso emocional muitas vezes segue um padrão semelhante. No entanto, a pessoa afetada primeiro precisa de algum tempo para reconhecer as repetições no esquema. Em princípio, é normal questionar as opiniões de outras pessoas e compará-las com as suas próprias opiniões. Quando surgir o sentimento de que sua percepção está sendo influenciada porque outra pessoa está falando com você sobre algo, todos os sinos de alarme devem soar. Os exemplos a seguir mostrarão se alguém está tentando manipulá-lo emocionalmente:

- ➤Você é doido?

- ➤É insuportável com você!

- ➤Fique feliz por eu ainda estar atrás de você!

- ➤Sua imaginação vai brincar com você!

- ➤Eu nunca disse isso!

- ➤Sua percepção não está funcionando corretamente!

- ➤Você esqueceu o que eu te disse?

- ➤Você parece estar sofrendo de perda da realidade!

- ➤Sua memória é um truque para você.

- ➤Eles distorcem os fatos. Isso nunca aconteceu.

- ➤Meu Deus, você é sensível!

- ➤É melhor você ir a um psicólogo.

Na verdade, a iluminação a gás cria uma percepção seletiva, que pode ser bastante incompleta. Uma boa dica é sua intuição, que você deve ouvir calmamente para desenvolver uma sensação de manipulação emocional. Os seguintes sinais típicos vêm da psicóloga americana Dra. Stephanie Sarkis, a quem você deve prestar muita atenção.

▢ **questão de culpa**

A questão da culpa é resolvida rapidamente, porque você é sempre culpado pelo "Pedro negro". Para que você mesmo acredite que você é o culpado, são feitas alegações de que você é o culpado. Diz-se que tudo lhe foi explicado em pormenor até que finalmente se calçou o sapato errado. Como resultado, você começa a dobrar-se.

▢ **hipocrisia**

Há essas pessoas que são amigáveis com você em incidentes e fingem como se nada tivesse acontecido e no momento seguinte essa pessoa se torna rígida e diz a outras pessoas que o oposto é o caso. Nesta situação, é difícil provar que os fatos foram distorcidos. Além disso, os gaslighters sabem muito bem como impedir que se ponha em perspectiva os fatos supostos e se diga o que realmente aconteceu.

⚆ **prazos**

A coisa fatal da iluminação a gás é o período que o abuso emocional leva. Aqui e ali, pequenas e grandes inverdades são contadas. Isto não é perceptível até que um grande perigo se tenha desenvolvido a partir dele.

⚆ **intrigas**

As Luzes de Gás são mestres na intriga. És muito bom a fazer afirmações. E depois há o fato de serem verdadeiros barões mentirosos. Portanto, esteja sempre ciente de que o que você diz pode muito bem ser fictício, de modo a espalhar a incerteza entre você. A manipulação emocional irá levar los tão longe que não tereis mais confiança e ireis afastar los das pessoas que não estão a fazer nada de mal. O Gaslighter conseguiu isolar-te e controlar-te.

Como defender-se contra a iluminação a gás

Primeiro precisas ver os sinais da iluminação de gás. Este é o primeiro passo importante. Se a vergonha e o medo são seus companheiros constantes, algo está definitivamente errado. Com a seguinte dica, entretanto, você conseguirá se defender contra a manipulação emocional:

1. Rompa o contato com as pessoas que estão sempre experimentando esses sentimentos de vergonha e medo. Através da **distância** e sem as entradas maliciosas e manipuladoras, você tem a hipótese de pensar claramente novamente e recuperar a autoconfiança.

2. Arranja **ajuda profissional**. Terapeutas e psicólogos estão familiarizados com os vários métodos de manipulação. Com os seus conhecimentos, eles vão entendê-lo, descobrir o método por trás da manipulação e ajudá-lo. Com a ajuda você será capaz de reconstruir sua auto-estima danificada.

Você vê mais claramente e pode suportar seu homem na vida cotidiana novamente.

3. Procure **o apoio da sua** família e amigos e fale sobre as suas observações. Estas pessoas irão ajudá-lo e apoiá-lo na sua própria percepção. Você também pode servir como testemunha quando a pessoa manipuladora estiver presente e impedi la dê tentar manipulá-la emocionalmente novamente. Muitas vezes a tentativa de manipulação só é realizada quando você está sozinho com o manipulador. Primeiro, você deve virar as costas ao isolamento social para o qual foi trazido pelo manipulador. Porque isto é importante para o Gaslighter, para que ele te possa controlar completamente. Aliados ou uma terceira pessoa que você chama têm um efeito muito eficaz.

4. Ao fazer atas de suas próprias conversas, gravando fatos e declarações em um diário, você tem a prova de que não está louco, mas está sendo manipulado.
O que está escrito reforça a autoconfiança e dissipa as dúvidas que surgem?

Porque você pode provar a exatidão de sua própria percepção em preto e branco? Você consegue descobrir mentiras e ir à ofensiva, especialmente quando o manipulador nega tudo.

Importante: Não entre em discussões com o Gaslighter se quiser descobrir a verdade. Você está desperdiçando força e energia valiosas sem alcançar um resultado positivo. Muitas pessoas que manipulam emocionalmente os outros acreditam firmemente na sua realidade equivocada. Crie distância entre você e o perpetrador e concentre-se na sua vida futura. Estabelecer um alto nível de autoconfiança. É a melhor proteção contra a manipulação emocional. Percorra a vida atentamente, perceba as mudanças conscientemente e verifique se estão corretas.

5 Estratégias para detectar e prevenir manipulações ocultas

Existem diferentes estratégias com as quais você reconhece pessoas manipuladoras. Há pessoas assim no ambiente direto, na família, mas também no círculo de amigos, conhecidos e no trabalho. O companheiro mais próximo é o parceiro. Se você tiver a sensação de que este ambiente tem uma influência oculta sobre você, poderá descobrir e neutralizar as manipulações com várias opções de defesa.

1. prestar atenção à aquisição questionável de informação

Quando estiver a falar, preste muita atenção à forma como a conversa é apresentada. Se assumir a forma de uma entrevista, de modo que haja apenas uma comunicação muito unilateral, o entrevistado quer aprender mais sobre si e recolher informação. A informação é então usada para manipulá-lo e movê-lo na direção desejada.

Para que isso tenha sucesso, a outra pessoa deve adquirir conhecimento sobre seus pontos fortes e fracos. Um bom manipulador é caracterizado por suas supostas forças. Ele sabe muito bem como esconder as suas fraquezas. As tuas fraquezas são usadas por ele para te influenciar, independentemente de acabares com danos. Existem, no entanto, boas maneiras de combater as escutas. Se você pensar que a comunicação é muito unilateral, tente virar as mesas e aprender mais sobre a sua.

Uma conversa bem sucedida é baseada na troca mútua e não se torna uma entrevista. Tente apenas revelar coisas na conversa sobre as quais o entrevistador deve saber e não deixe que ele o influencie a aprofundar seu pensamento e suas emoções para aprender mais. Você dirige a conversa, fazendo muitas perguntas ou contrariando com contra-questões. Na melhor das hipóteses, você cria a sensação de que a pessoa com quem você está falando não sabe nada sobre você. Isto desativa a situação.

2. verdades com duplo fundo

As pessoas que querem manipular o seu modo de pensar não levam a verdade muito a sério. Contam histórias que nunca acontecem ou que são apenas metade da verdade. Muitas vezes essas pessoas são tão boas nisso que a informação não é diretamente reconhecida como meia verdade ou mentira. Isto baseia-se no fato de os manipuladores não terem má consciência quando reúnem uma história que serve o seu propósito. Mas as mentiras são fáceis de descobrir. Porque o interlocutor vem com perguntas intencionais, aparentemente insignificantes na emergência de explicação. Ele responde debochado e tenta se justificar efusivamente.

Especialmente situações que arranham a imagem do mentiroso e colocá-lo na luz errada exigem uma apresentação especial do seu ponto de vista. Há situações especiais em que os mentirosos são imediatamente notados. Um bom exemplo disso é a acusação de não ter agido de forma justa, mas egoísta, ou a crítica no trabalho.

Se você pensa que está enfrentando verdades

duvidosas, desarme essa pessoa com perguntas. Se não há respostas evasivas e o nervosismo se instala, você pode supor que acabou de pegar um mentiroso. Mais perguntas específicas levam mesmo a um retiro.

3. dar uma olhada mais de perto no charme exagerado

Uma das maiores armas de manipuladores é o charme exagerado. Portanto, você deve dar uma olhada mais de perto para ver se a aparência encantadora está de acordo com sua natureza ou se ela só se sobrepõe para lisonjeá lo e aprender mais sobre você. Você pode reconhecer manipuladores pelas seguintes indicações:

- Antes de um pedido ser feito, você receberá elogios.
- Apenas favores são feitos em situações em que a pessoa tem uma vantagem.
- Certos gestos são usados apenas para proveito próprio.
- O charme só é usado quando a situação promete vantagens.
- Menos charmosas são essas pessoas em outras situações, não vantajosas.

Se estes pontos se aplicam, você está lidando com uma pessoa que é encantadora por razões egoístas. Não é um charme honesto, sincero, mas um comportamento superficial que é usado apenas para o interesse próprio.

Essas pessoas são deslumbrantes de quem não se deve enganar. Portanto, observe atentamente e questione os motivos para o comportamento encantador. Charme não deve ser ligado a condições, nem qualquer favor que você faça a alguém deve ser ligado a pré condições. Diz "Não" se uma pessoa te seduzir com charme e depois quiser algo de ti. Através do charme superficial, a própria natureza boa de cada um é rapidamente explorada porque a visão clara é obscura.

4. padrões de rolo permitem olhar muito fundo

Os manipuladores apresentam-se como mártires e são vistos como de boa natureza, ajudando, sacrificando pessoas que aparentemente fazem tudo bem. Estes aparentes sacrifícios, feitos pela pessoa, evocam compaixão e simpatia entre outros, que servem apenas para manipular outra pessoa. As pessoas que querem manipular rapidamente reconhecem as fraquezas de outras pessoas e usam para chantagear emocionalmente. Porque eles sabem exatamente o que te causa dor? Com críticas direcionadas, elas evocam um sentimento de inferioridade e riscam sua autoconfiança.

O resultado desta situação é o sentimento de compromisso emocional, de modo que você se empenha no papel de ter que provar algo a si mesmo. Uma alegada base de confiança também pode ser uma indicação de um certo padrão de papel que, em última análise, equivale à manipulação. Um bom exemplo é um segredo que foi confiado e que depois está ligado a um certo favor.

Aqui você pode ter certeza de que esta pessoa quer

manipulá-lo e usá-lo para sua própria vantagem. Certifique-se de que confiar o segredo só serve para aprender mais sobre você. Esta informação obtida é garantida para ser usada contra você mais tarde. Se você não cumprir o papel que lhe foi atribuído, você será ignorado ou até mesmo punido com desrespeito e ignorância.

Se outra pessoa quiser impor esse papel a você, onde a compaixão está na vanguarda e os favores são exigidos, você deve dizer "não". Fazer favores tem basicamente razões altruístas. Os povos manipuladores jogam com suas emoções e tentam eliciar segredos de você fazendo-o sentir-se culpado. A melhor maneira de identificar padrões de papéis é observar, manter a própria opinião e não confiar prematuramente.

5. Verifique se as suas decisões estão livres de manipulação

As pessoas que querem manipular são caracterizadas pelo fato de influenciarem as opiniões e decisões dos outros. Para reconhecer uma manipulação, você tem que olhar mais de perto para sua própria liberdade de escolha e refletir sobre ela. Isso pode ser feito com as seguintes perguntas:

- A decisão foi tomada sem a intervenção de outros?
- Foram exercidas pressões externas no processo de tomada de decisão?
- A sua própria opinião é fortemente influenciada por outra pessoa?
- Há receios de que alguém possa ficar desapontado com a sua própria decisão?
- Há consequências se a sua opinião não for diferente?

Se você responder essas perguntas com "sim", sua liberdade de escolha é influenciada por uma pessoa manipuladora e não corresponde mais às suas emoções e necessidades.

Estes são colocados na parte de trás e não são tidos em conta. Para o manipulador, o próprio bem-estar e objetivo é primordial. O resto fica pelo caminho.

Importante: Ninguém tem o direito de tomar decisões sobre a sua cabeça. Deves confiar no teu próprio julgamento. Se você pensa que uma decisão é correta e boa, afirme-se sem restrições. O teu senso comum guiar-te-á corretamente. Só porque alguém insiste no seu direito não significa que a sua decisão esteja errada. Através da reflexão, você reconhece a base em que a sua decisão se baseia. Se os argumentos forem convincentes, não se desvie da sua opinião ou decisão e não se deixe influenciar.

Linguagem corporal - falar sem palavras

Embora a linguagem corporal seja um poderoso instrumento dos manipuladores, não se deve esquecer que é apenas uma parte da comunicação não verbal que pode fazer você se sentir culpado. Mímicas e gestos também fazem parte dela. Quanto mais controlado ele estiver em lidar com eles, mais fácil será para ele influenciar as pessoas e conquistá-las. Muitos acreditam que sabem como funciona a comunicação não verbal.

Mas se olhares mais de perto, verás que não é assim tão fácil. Há muitos sinais escondidos que são transmitidos com braços, mãos e micro mímicos. Os verdadeiros profissionais de campo conseguem manipulá-lo mais rápido do que você pode assistir. Alguns segundos de sinais não verbais são enviados, que você nem percebe e o manipulador tem você em suas garras. Tudo o que você percebe em seu ambiente e em outras pessoas influenciam seu pensamento e sua atuação.

Se o estímulo perceptivo for suficientemente grande,

um processo bioquímico é iniciado após o processamento das impressões sensoriais. Assim que isto acontece, uma manipulação é causada. Se esta reação não tivesse acontecido, você não teria sido influenciado de maneira oculta.

O poder da linguagem corporal contra a palavra falada

Por exemplo, o poder da linguagem corporal torna-se muito claro nos oradores políticos, que dão mais peso à palavra falada com certos gestos e expressões faciais e enfatizam a sua grande importância. A palavra falada só tem um valor de sete por cento. Em contraste, 93% usam sinais não verbais ou linguagem corporal, o que cria uma base ideal para manipular outras pessoas com gestos, expressões faciais, postura, braços e mãos.

A linguagem corporal pode ser usada para dizer se ele se sente confortável ou não com ela. A combinação de voz, linguagem corporal e postura revela rapidamente a atitude interior. Uma pessoa que conhece o poder da linguagem corporal sabe exatamente como usar a linguagem, a taxa de fala, as pausas e a linguagem corporal para colocá-lo na direção certa e influenciá-lo.

A aparência fornece uma imagem geral. A beleza disso é que você pode treinar a linguagem corporal e usá-la para seu próprio benefício.

Da mesma forma, você também pode usar a linguagem corporal para se expor à sua quando ele está apenas lhe dizendo mentiras. Há mesmo algumas provas científicas para isto. Em uma conversa, você descobre rapidamente a mentira quando as palavras e a linguagem corporal estão em tensão. A mentira pode ser reconhecida pela simetria. Se a verdade for dita, o resultado é um quadro simétrico. Se alguém tentar mentir, a imagem do corpo fica desequilibrada e torna-se assimétrica. Você pode reconhecer a mentira ou uma meia verdade, por exemplo, por ombros inclinados, narinas inchadas e olhos. A pessoa com quem estás falando evita os teus olhos e não consegue olhar-te nos olhos.

Qualquer pessoa que domine corretamente a linguagem corporal e assim dê à palavra falada ainda mais força pode manipular. São utilizados gestos convidativos, bem como expressões faciais, microimpressões e constituições corporais.

Interpretar a linguagem corporal e decifrar diferentes gestos

Mesmo que nenhuma palavra surja nos teus lábios, o teu corpo fala. E quando falar, fale sempre duas línguas diferentes - uma vez as palavras faladas simultaneamente o corpo fala. A linguagem corporal pode ser um traidor cruel se você não colocar em palavras o que você realmente pensa e sente. O seu corpo realça as suas emoções e pensamentos reais na postura, expressões faciais e gestos.

Você enrola seus lábios, levanta uma sobrancelha, enche suas narinas ou enrugam seu nariz e a pessoa oposta conhece seus verdadeiros pensamentos e emoções. Uma imagem geral harmoniosa só surge quando a linguagem corporal corresponde às palavras faladas. Cria autenticidade e credibilidade. A linguagem corporal tem alta prioridade na comunicação, seja em discussões com colegas, em entrevistas de trabalho, em negociações ou no contato com clientes.

Mesmo em falar uma mentira, é dada atenção não

só às palavras faladas, mas também à linguagem do corpo. Para descobrir a manipulação, é importante que você possa interpretar e decifrar corretamente expressões faciais e gestos. Porque com ele você reconhece rapidamente, o que o interlocutor quer alcançar com as suas palavras.

A linguagem corporal é considerada um fator de sucesso porque os gestos têm um poder indescritível. No entanto, os espíritos dividem-se em dois campos quando se trata de linguagem corporal. Um acampamento é da opinião de que o 'hype' em torno das expressões faciais e gestos é muito exagerado e o efeito é muitas vezes superestimado.

As vozes do outro campo, por outro lado, defendem a opinião de que a linguagem corporal é um fator importante para o efeito e a individualidade. É fortemente praticada e treinada, uma vez que o próprio sucesso está íntimo, de acordo com a sua opinião, a uma linguagem corporal convincente. Em algum lugar está a verdade sobre a linguagem corporal.

Da mesma forma, a afirmação de Paul Watzlawick "Não se pode não comunicar" está correta. Os gestos e a postura falam por si, mesmo que não sejam ditas palavras. Há os chamados gestos de alto status, também conhecidos como poses de poder.

Não só têm um grande efeito nas outras pessoas, como também podem aumentar a auto-estima. Os seguintes gestos expressam um status muito alto e muito poder:

- ➤ uma postura de cabeça ereta e silenciosa
- ➤ uma voz poderosa
- ➤ movimentos elegantes e lentos
- ➤ sorriso aberto e relaxado
- ➤ movimentos suaves

Existem vários gestos usados no jogo para reconhecimento e status. Se estas forem usadas de forma controlada, é muito mais fácil tomar outras pessoas para si próprio. A linguagem corporal, no entanto, tem dois lados muito diferentes. Na verdade, um lado dele é muito perigoso.

Os sinais ocultos emitidos com postura, expressões faciais, braços e mãos visam manipulá-lo e levá-lo para sua própria causa. As pessoas que dominam a manipulação não precisam de palavras para lhe dar um mau pressentimento e influenciar seus pensamentos. Esteja ciente que a linguagem corporal é manipuladora.

Desta forma você encontra sinais óbvios, mas também sinais que são muito mais sutis. Você tem uma influência oculta em seus pensamentos e percepção. Não tens controle sobre esta influência. Lembre-se sempre que você é influenciado por tudo o que você percebe. Porque o cérebro não só capta as palavras faladas, mas também os gestos e as expressões faciais.

Se um estímulo é suficientemente forte para perturbar o equilíbrio dos íons nas membranas celulares, ocorre uma reação muito especial. Refere-se ao processo bioquímico que realiza o processamento das impressões sensoriais. Assim que um estímulo desencadeia uma reação em uma célula, uma influência oculta ocorre.

Se não houvesse a atração, não, haveria qualquer manipulação. Não só estás a ser manipulado pela linguagem corporal, como também estás a manipular-te a ti próprio. Por exemplo, outras pessoas podem ler o seu estado de espírito atual a partir da sua postura. Os sinais que você emite são estímulos de gatilho em outras pessoas. Eles próprios, por exemplo, usam esses estímulos para obter os maiores benefícios. Para que a linguagem corporal possa manipular.

No entanto, não pode induzir uma reação particular que não corresponda aos seus interesses, valores ou desejos mais profundos. É por isso que a manipulação pela linguagem corporal sozinha não é tão eficaz, uma vez que os valores internos têm maior poder. A manipulação por linguagem corporal só funciona se já existir uma inclinação interior nesta direção. Isto é especialmente verdadeiro para a publicidade. Por exemplo, você pode assistir a um anúncio de cerveja por horas sem sentir imediatamente o desejo de uma cerveja. Mas se olharmos para a publicidade do (Amazon) ou das Lojas Americanas, não podemos parar.

Lembre-se sempre que a linguagem corporal é em grande parte inconsciente. Ou já pensou na sua postura, nos movimentos das suas mãos e braços ou na expressão facial atual? Isto dá às outras pessoas uma visão profunda e permite-lhes ler os seus pensamentos e emoções não filtrados. Se você quiser evitar que outra pessoa o manipule, você deve aprender a tomar consciência da linguagem corporal e usá-la de uma maneira que o beneficie.

Assim dificulta que um manipulador te coloque no papel de vítima. Aprendeu tanto sobre como se proteger de ser manipulado pelo que diz. Agora é tudo uma questão de usar a linguagem corporal corretamente. As seguintes dicas irão ajudá-lo:

1. Vá para o mesmo nível que você vai em frente. Isso significa literalmente. Isto porque você pode compensar as diferenças de altura e garantir que o que é dito seja percebido corretamente e não mais torcido. Assim que você estiver ao nível dos olhos da outra pessoa, o efeito ameaçador e superior desaparece. Se alguém está tentando manipulá-lo, está espalhando rumores sobre você, e você quer confrontar essa pessoa, você não deve olhar para cima ou para baixo. Porque isso enfraquece a tua posição?

2. Um verdadeiro "all-rounder" da linguagem corporal é o sorriso. E a melhor coisa sobre isso:

você pode usá-lo consciente e propositadamente. Assim, você irradia autoconfiança e força interior.

3. Assim como as expressões faciais, os gestos e outros aspectos, a linguagem corporal também envolve uma certa distância, que deve ser respeitada.

Em linguagem simples, isto significa não deixar que ninguém se aproxime demasiado e mantenha a distância em relação à outra pessoa.

Você está ciente da sua linguagem corporal? Para ser capaz de usar a linguagem corporal perfeitamente, você precisa entender o efeito sobre os outros. Portanto, você deve descobrir quais sinais são enviados através de sua linguagem corporal.

Qualquer pessoa que se sinta pequena e tenha pouca autoconfiança também o expressa com a linguagem corporal. Os manipuladores que estão à procura de uma nova vítima vão encontrá-lo imediatamente.

A interpretação da linguagem corporal

Há muitas pessoas que dominam perfeitamente as poses e os gestos de poder. Políticos, superiores, chefes de empresa e todos aqueles que querem convencer outras pessoas de alguma coisa. Não raro, estas pessoas devem a sua popularidade e a posição que ocupam a esta capacidade. No entanto, a linguagem corporal nem sempre pode ser decifrada de forma clara e correta. Às vezes é a premonição ou uma sensação estranha na cova do estômago que leva à suposição de que algo está errado. É perceptível que as palavras faladas expressam algo completamente diferente da linguagem corporal. Falta-lhe harmonia. Mesmo as mais pequenas 'nuances' são registadas pelo subconsciente. Nunca olhe para a linguagem corporal separadamente sem as palavras faladas. Porque com ele você rasga expressões faciais e gestos fora do contexto? Ao treinar os seus sensores e expandir o seu radar mental, no entanto, você pode localizar sinais negativos e positivos. Com o conhecimento adquirido você será capaz de reagir adequadamente.

Deve lembrar-se das seguintes mensagens não verbais. Você poderá observá-los em muitas pessoas que têm um domínio perfeito da linguagem corporal:

positivamente	negativamente
A pessoa fica de pé ou senta-se com você e se move fisicamente para o seu nível.	Quando se senta, a pessoa pára para demonstrar hierarquia e poder.
O contato visual é mantido e, o interesse é simbolizado.	Não há praticamente nenhum contato com os olhos, os lábios são piscados e formados em uma linha estreita.
Em vez de ficar em frente à sala, é introduzido sem digressão. Um símbolo de confiança.	Na conversa, os braços são cruzados ou as mãos são apoiadas nos quadris. Um sinal de cepticismo.
Movimentos silenciosos, sem prolongamento. Mãos estão abertas e possivelmente as palmas das mãos são visíveis, isto	As mãos estão escondidas debaixo da mesa ou no bolso das Calças, os dedos estão cruzados ou as mãos

mostra confiança.	estão presas aos punhos. Os gestos mostram nervosismo e são assimétricos. Isto é uma expressão de desconfiança.
Esfregar as mãos significa satisfação.	A impaciência e a raiva são expressas quando os dedos são danificados por objetos.
Postura oblíqua da cabeça na conversação mostra satisfação	Coçar a cabeça ou coçar o nariz são sinais de dúvida
Adaptação da linguagem corporal e dos gestos equivale à simpatia	Espalhar documentos significa delimitação
Relaxar de pé e inclinar-se sobre simboliza familiaridade	Olhe por cima do ombro, vire-se e alcance a distância.
A pessoa está perto de si e simboliza afeto.	Não é apresentado e pouco falado, isto é um sinal de antipatia

Poses de potência - para autoconfiança e redução do

'stress'

Todos sabem que estas poses têm um poder de pulverização, força e energia. Um bom exemplo são os políticos que fazem um discurso no Bundestag ou o presidente em exercício dos EUA, Donald Trump. Mas o que está por trás dessa forma de linguagem corporal?

Isso é o que a Amy Cuddy da Harvard Business School queria saber. Ela descobriu que gestos especiais têm um efeito enorme se forem usados corretamente. As poses de poder fazem com que as pessoas pareçam mais confiáveis, mais enérgicas e, primeiro, mais convincentes. Em suas experiências, que Amy Cuddy realizou em conjunto com Andy J. Yap e Dana R. Carny da Universidade de Colúmbia, 42 mulheres e homens formaram dois grupos. O grupo um recebeu ordens para tomar dois minutos de poses poderosas demonstrando alto status.

Para este efeito, os pés foram colocados sobre a mesa e os braços foram cruzados atrás da cabeça ou inclinados casualmente e as mãos apoiadas frouxamente. O segundo grupo tomou posições que expressavam o contrário. Assim, os participantes sentaram-se numa cadeira, colocaram os braços juntos e as mãos no colo. Numa pose de pé, braços e pernas foram cruzados. Antes do experimento, os pesquisadores tiraram sangue dos participantes para comparar os níveis de testosterona e cortisol antes e depois do experimento. O resultado foi o seguinte: O Power Posers tinha em média 25 por cento mais baixos níveis de cortisol e 19 por cento mais altos níveis de testosterona. No segundo grupo, os níveis de cortisol eram de 17% e os níveis de testosterona caíram 10%. Testes subsequentes mostraram que o grupo Power pose era mais confiante e avesso ao risco.

Importante: As poses de alimentação não devem ser utilizadas em excesso. Porque a linha entre um efeito arrogante e uma redução do stress de suporte é muito estreita? Mas aqueles que conseguem ser ousados em certas situações têm uma boa hipótese de progredir em muitas áreas.

Os olhos - uma visão profunda da alma

Não só expressões faciais e gestos, mas também os olhos são traiçoeiros. A íris humana é como uma impressão digital pela qual uma pessoa pode ser identificada. Por exemplo, aeroportos internacionais como Frankfurt am Main têm digitalizadores oculares para funcionários que trabalham em áreas de alta segurança. A íris de cada pessoa tem um 'design' diferente e tem o seu próprio padrão, tal como uma impressão digital. Existem sulcos, manchas e pontos que são diferentes para cada pessoa e, inconfundíveis. Mesmo com gêmeos genéticos, não há correspondência.

Citação: "Os olhos são o reflexo da alma", disse Hildegard von Bingen no século XII. Mostram aos outras tristeza, medo, alegria e felicidade. Você já notou que a primeira impressão que você tem de outra pessoa é baseada no seu rosto? As pessoas estimam a confiabilidade de outra pessoa com base na forma do rosto.

Até mesmo estudos científicos mostraram isso. Homens com um rosto largo têm mais probabilidade de serem desconfiados do que homens com um rosto estreito. Além disso, a cor dos olhos desempenha um papel importante na avaliação da personagem. Karel Kleisner da Universidade Charles de Praga descobriu que os homens com olhos azuis parecem menos confiáveis do que aqueles com olhos castanhos.

Portanto, não é surpreendente que, desde tempos imemoriais, tenha sido feita uma tentativa de ler as intenções e pensamentos de outra pessoa. Mas o que revelam os olhos? Se você prestar atenção, notará que você olha automaticamente nos olhos da outra pessoa durante uma conversa. Porque estes dão informações sobre sentimentos? Eles refletem medo, alegria e raiva, que você pode ler neles. Não importa o que a linguagem corporal expressa. Os olhos traem sempre as pessoas. Isto porque os músculos oculares internos estão dispersos pelo sistema nervoso vegetativo, que não é conscientemente controlável.

O principal culpado que te trai é a pupila, através de qual luz entra no olho. Ele muda dependendo das condições de iluminação. Em luz brilhante estreita-se e no crepúsculo continua. A musculatura da íris controla esta mudança. Além das diferentes condições de iluminação, a perna da íris também reage a fatores emocionais. Se o cérebro enviar que mais atenção é necessária porque você pode ter medo, a pupila está dilatada. Isto permite que mais luz penetre no olho e no ambiente para ser melhor percebida. Você envia mensagens com seus olhos e, elas também fazem parte da linguagem corporal. Os seguintes olhos expressos:

- ➤Estou com medo - alunos extremamente dilatados

- ➤Eu te acho atraente - quando flertar pupila dilatada mostra que você tem toda a atenção

- ➤Me dá nojo - o contrato dos alunos mau-olhado direto, as sobrancelhas são puxadas juntas ao mesmo tempo.

-

- ➤Sinto raiva no estômago - um fator decisivo é a direção da visão. Além do mau-olhado direto, as sobrancelhas são contraídas ao mesmo tempo.

- ➤Não estou dizendo a verdade - existem métodos criminológicos para descobrir pelo movimento dos olhos se a verdade é dita ou mentira. Supõe-se que as pessoas que inventam uma história permaneçam com os olhos em um local diferente do que as que se lembram de fatos importantes. No entanto, esse método é controverso.

- ➤Estou doente - os médicos usam o reflexo da pupila para verificar a funcionalidade do cérebro. Uma resposta desigual pode indicar uma condição séria, como um tumor cerebral.

No entanto, as pupilas dilatadas também podem ser uma indicação de que a pessoa consumiu drogas. Este efeito ocorre, por exemplo com alucinógenos ou canábis.

Os olhos revelam muito e em combinação com a linguagem corporal e as palavras você pode descobrir o que a pessoa está fazendo. Você reconhece se a pessoa está bem disposta ou se quer apenas manipulá-la.

Postura corporal - a imagem espelhada da autoconfiança

A postura do corpo tem um efeito de sinal tal como a linguagem corporal e pode expressar uma grande segurança e uma forte autoconfiança, bem como ansiedade e pouca autoconfiança. Você também estará familiarizada com os conselhos de sua avó, que repetidamente apontou que você deve se segurar direito e puxar seu estômago para dentro e esticar seu peito. A postura diz muito sobre uma pessoa e pode ser vista à distância.

Com a postura correta, você mostrará força de vontade e autoconfiança. As pessoas que querem te manipular também estão a declarar isto. Manipuladores que querem influenciá-lo com Gaslighting ou Disrupt, em seguida, reestruturam imediatamente, dão a sensação de que eles vão morder seus dentes para fora. É por isso que é importante que preste atenção à sua postura e envie os sinais certos.

A interpretação da postura

Atletas que estão enfrentando uma competição decisiva experimentarão uma postura poderosa e energética porque geram uma tensão corporal especial. Isto é conseguido através de uma reta para trás. Os ombros são puxados para trás, o peito para fora e a barriga é puxada ligeiramente para dentro. Esta postura pode ser vista muito bem em dançarinos, corredores, arqueiros e halterofilistas. Os atletas conhecem o seu corpo, sabem onde se encontram os diferentes músculos e são capazes de tensionar grupos musculares especiais para alcançar o efeito desejado.

Se queres fazer algo pela tua postura, deves construir músculos. A postura ereta resultante automaticamente o torna mais atraente e, ao mesmo tempo, aumenta suas hipóteses em muitas áreas, pois você se demonstra convincentemente. Já alguma vez estiveste em frente a um espelho e olhaste mais de perto para a tua própria postura? O que vês? Uma pessoa com um olhar rebaixado e ombros relaxados?

Ou uma personalidade reta que irradia poder e está cheia de energia? Você irradia dinamismo e autoconfiança, ou antes, irradia medo, insatisfação, tristeza e pouca autoconfiança? Para os manipuladores você é a vítima perfeita com quem eles têm um jogo muito fácil de influenciá-lo mentalmente para seus próprios fins.

Fique ciente de que você é sempre observado em todas as situações da vida, seja no trabalho ou em sua vida privada. Portanto, é importante que você seja percebido corretamente. E sim, a percepção certa por parte de outras pessoas são um trabalho árduo, porque em muitos lugares é preciso provocar uma mudança ao mesmo tempo. Mas, acima de tudo, trata-se de ganhar força interior para passar pela vida com autoconfiança. Você pode trabalhar em sua postura de uma maneira muito direcionada se souber se apresentar melhor. Uma cabeça erguida e uma visão aberta irradiam competência e um estatuto elevado. Observe as pessoas à sua volta. Você vai descobrir como as diferentes posturas, a linguagem corporal e as expressões são diferentes. O que é que eles fazem de diferente de ti?

Faça uma comparação com personalidades fortes e pessoas bem sucedidas e tente reconhecer-se o mais objetivamente possível.

- Preste muita atenção à sua forma de andar. Levantas os pés quando andas ou embaralhas? Tal marcha parece descuidada e não tem nada em comum com a casualidade. Aqueles que não conseguem tirar os pés do chão mostram pouco dinamismo, tristeza, exaustão ou mesmo rebeldia, pois as convenções não são observadas.

- Senta-te sempre na borda da frente de uma cadeira? Isso sinaliza que você está inseguro, tenso e pronto para escapar a qualquer momento. Envias os mesmos sinais quando não consegues ficar quieto. Tente usar o assento inteiro para si mesmo e fique quieto.

- Se você apoiar os cotovelos e colocar o queixo nas mãos, você terá a impressão de grande cansaço e tédio. Tal postura não é muito lisonjeira na conversa.

☐ O nervosismo torna-se aparente quando a perna em pé é constantemente alterada. Transmite-se rapidamente a impressão de que outras têm prioridade e que a entrevista não é importante.

☐ Estás a esconder as mãos? Mesmo que isso pertença mais à linguagem corporal, ela está intimamente ligada à postura. As mãos são muitas vezes escondidas porque as pessoas estão nervosas, entediadas ou inseguras. Ao mesmo tempo, uma perna é mudada de uma para a outra. É melhor se as mãos forem usadas sublinhar a indicação feita a fim de gerar mais peso.

Reconhece-te a ti próprio? Então devias trabalhar na tua postura. Para aqueles que praticam uma melhor postura, harmonizem o corpo e a mente. Além dos efeitos de uma melhor postura na saúde, você também melhora o seu bem-estar e autoconfiança. Não tens de treinar todos os dias para desenvolver os teus músculos. Pequenas coisas são muitas vezes suficientes para apresentar aos outros uma autoconfiança fortalecida.

Através de uma postura ereta com ombros apertados e costas diretas você mostra força interior. Eles caem fora do esquema de bagagem de manipuladores, porque eles sabem exatamente que você vai chegar até eles rapidamente e contra-atacar. Com truques simples você pode melhorar sua postura e irradiar mais autoconfiança.

Dicas para postura e linguagem corporal

Não importa se você está sentado, andando ou em pé sempre tenha em mente qual imagem você está criando com a postura que está adotando. Quando notar que está a retrair a cabeça e a deixar os ombros pendurados, endireite a parte superior do corpo, aperte os ombros e levante o queixo.

O espelho é uma boa ferramenta que a ajuda a melhorar a sua postura. Sempre que passar por um espelho, olhe de perto como é a sua postura e ajuste-a. O mesmo se aplica à forma como andas. Com uma marcha ligeiramente elástica, pulveriza vitalidade e entusiasmo pela ação. Através da auto-observação você será capaz de mudar sua postura e tornar-se consciente de sua linguagem corporal. Tenha em mente que o stress tem uma grande influência no seu carisma. Os movimentos do corpo ocorrem muitas vezes inconscientemente e permitem uma visão não filtrada do interior. Para disciplinar a postura e a linguagem corporal, a autenticidade é acima de tudo importante.

Não funciona se você se ajustar para criar outra imagem. Não é suficiente mudar maus hábitos, tais como sentar-se em colapso e treinar-se para sentar-se direito. Todos os sinais que transmite requerem uma coordenação harmoniosa. Isto inclui a linguagem corporal, como expressões faciais e gestos, postura e, acima de tudo, a voz. Esta coordenação holística só funciona se você for autêntico. Para tocar algo para outros que não existe, nenhum ser humano cria a longo prazo e a imagem criada é enquadrada pela descrença.

O teu carisma mostra sempre os sentimentos que tens agora. A linguagem corporal e a postura mostram se você está feliz, infeliz, ansioso, zangado ou confiante. Mas não te levará a lado nenhum se treinares artificialmente os teus sinais. Esta "possível expressão" reflete pouca autenticidade e persuasão. Então é melhor descobrir qual é o problema. Uma vez que você tenha descoberto isso, você pode agir e tomar contramedidas. Se, por exemplo, você perceber que alguém está tentando invadi-lo para manipulá-lo, tente descobrir por que você é a vítima.

Descobre qual é o objetivo da manipulação. Quais são os benefícios para esta pessoa? Você pode, remediar a situação ou simplesmente fazer ao contrário. As pessoas que são bem sucedidas e sentem alegria irradiam isto com a sua postura. Se houver uma conversa no horizonte da qual você possa ter medo, crie em sua mente o pensamento de que você terá sucesso garantido. Com esse sentimento, entras na conversa. A confiança vai ajudar-te a ser bem-sucedido. Desta forma, você também pode contra-atacar a manipulação uma vez que você a tenha detectado. Você não quer ser usado por outras pessoas para seus próprios fins e está confiante de que você pode se defender contra eles porque pode avaliar e aplicar corretamente a linguagem corporal e postura em questão.

Use roupas nas quais você se sinta confortável ao redor. É claro que há um código de vestuário nos negócios que deve ser respeitado. Mas você sempre tem a possibilidade de criar um personagem e sentir-se bem com pequenos detalhes. As roupas podem contrair-se e tomar o ar para respirar. Isso faz você se sentir mal e perder de vista as coisas importantes.

Tente sempre pensar positivamente, mesmo que seja realmente difícil em algumas situações. Com uma atitude positiva, você também cria uma imagem positiva de si mesmo. Eles demonstram autoconfiança e força interior e podem enfrentar todas as adversidades. Somente aqueles que buscam possíveis erros e evocam dificuldades irão magicamente atraí-los.

A interação de diferentes fatores para sua própria apresentação

Há muitos componentes que compõem uma personalidade expressiva. Por conseguinte, não basta introduzir mudanças num único ponto. O pacote inclui a construção de autoconfiança, força interior, auto-estima e aceitação pessoal. Acima de tudo, porém, há o autoconhecimento com o qual você descobre o que está perdendo. Muitas vezes são apenas pequenas coisas que você tem que mudar para criar um grande efeito.

Pergunte a si mesmo em que direção você quer ir e descubra como você pode criar mudanças. Se você não tem fé em si mesmo e em suas habilidades, tenha em mente o que você alcançou até agora. Haverá sempre pessoas no seu ambiente que querem falar mal dos seus sucessos e fazê-lo sentir-se culpado. Já pensou que estas pessoas podem ser movidas pela inveja e pelo ressentimento?

Vá para causar pesquisa e descobrir o que essas pessoas têm alcançado e fazer uma comparação direta. Com as tentativas de manipulação, as pessoas só querem alcançar a dependência emocional. Porque quase todos os seres humanos estão sempre preocupados com o reconhecimento do exterior?

Mas também há pessoas que não querem apenas receber elogios. Eles têm o poder interior de persuasão e a autoconfiança de que suas decisões estão corretas. Eles gostam da vida e não têm medo de nenhum desafio. Dificilmente conhecem o medo porque têm a força interior para admitir erros e não enfiar a cabeça na areia. Novas formas e soluções são procuradas para resolver problemas. Com a sua autoconfiança, eles têm a certeza de que existe uma solução para cada problema. Mesmo que isto não seja sempre encontrado diretamente. No caso de tentativas de manipulação, vê-se exatamente onde estas devem levar. A dependência emocional nem sequer ocorre porque conhecem formas e meios de usar a manipulação para si próprios. O foco não está apenas na realização de seus próprios objetivos.

Através da alta competência social, são feitas tentativas para usar a manipulação de forma positiva. Com a sua linguagem corporal e postura, dão grande peso às palavras que dizem. Ouça atentamente um orador talentoso e preste atenção na escolha das palavras e da voz. Estas pessoas sabem exatamente qual a tonalidade que tem de ser tocada para serem convincentes. Eles nunca falam monotonamente, mas variam em volume, modulação e velocidade de fala. São inseridas pausas curtas e longas na fala, para que as palavras faladas cheguem ao ouvinte e desencadeiem certos pensamentos. Mesmo os céticos e os célebres opositores podem ser convencidos com o uso correto das palavras, da linguagem corporal e da voz.

Como você expressa sua voz? Se você falar baixo e monotonamente, você parece ansioso e pouco convincente. O lema muitas vezes é não se destacar ou estar na ribalta. Mas se você ouvir a si mesmo uma vez, você vai se deparar rapidamente com coisas que você pode fazer muito bem e para as quais você não tem que esconder.

Mesmo que ninguém seja imune à manipulação, as pessoas que têm pouca confiança em si mesmas são manipuladas muito mais frequentemente e conduzem a uma dependência emocional. Os manipuladores exploram o medo e uma baixa auto-estima para os seus próprios fins.

Ao adquirir ou desenvolver ainda mais as diferentes habilidades, você dará o passo certo para trabalhar sua própria imagem e apresentar uma personalidade forte a seus semelhantes. Trabalha em ti. Além da ajuda profissional, há certamente um bom amigo que o ajudará a melhorar a sua postura e linguagem corporal, a construir autoconfiança. Isso lhe dá uma boa base para reconhecer as manipulações, revertê-las e usá-las positivamente.

Usando tentativas de manipulação para si mesmo

Mesmo que a manipulação tenha um sabor residual negativo, há também qualidades positivas que você pode usar perfeitamente para si mesmo. O ideal é atingir os seus próprios objetivos, criar uma vida mais agradável sem enganar automaticamente as outras pessoas ou tratá-las mal. Se você usar a tentativa de manipulação para si mesmo, você deve usar um modelo moral e projetá-lo sobre o comportamento manipulador, a fim de não exibir comportamento desumano. Isso acontece, por exemplo, com Gaslighting ou disrupt-then-reframe.

Não é nada repreensível que se utilize a manipulação para obter a simpatia do novo colega ou um aumento salarial. Igreja, política, mídia ou publicidade, assim como família, amigos, conhecidos e semelhantes, todos trabalham com técnicas de manipulação. Alguns conscientes, outros inconscientes.

Você só pode lidar com ele com confiança se você conhecer as técnicas e usá-las para sua própria causa. Para que você possa usar tentativas de manipulação para seus propósitos, você deve estar preparado, em princípio, para transformar outras pessoas em fantoches. Um fator importante é a forma como as outras pessoas vê nesta manipulação. Isto é sobre a famosa "**primeira impressão**" que você transmite. Claro que há sempre a possibilidade de uma segunda ou terceira oportunidade.

Mas se você lidar com o efeito psicológico da primeira impressão corretamente, é muito mais fácil na vida. Isto aplica-se não só a uma data, mas também ao aluguel de um apartamento e a uma entrevista. Foi provado que a primeira impressão determina decisivamente como a outra pessoa classifica as experiências e impressões com você no cérebro. A manipulação da primeira impressão não é imoral. Você pode, portanto, tirar proveito delas sem hesitação. Mas você deve saber que não tem 0.3s a 0.7s para convencer a outra parte.

A palavra falada é menos importante que a linguagem corporal, postura, marcha, olhos, posição dos pés e aperto de mão.

Será que estas coisas se encaixam e formam um quadro simétrico? Eles influenciaram a maneira de pensar da outra pessoa e ganharam o jogo 1:0.

Já ouviu falar do Halo-effect? O **Halo-effect** é uma distorção cognitiva mensurável. Ao fazê-lo, são tiradas conclusões sobre propriedades desconhecidas de propriedades já conhecidas de uma pessoa.

As conclusões são influenciadas pela totalidade dos processos que existem em relação à percepção e ao reconhecimento. Estudos têm mostrado que os mesmos mecanismos são usados para conhecer uma nova pessoa. Os primeiros traços de caráter têm um tal brilho e são tão dominantes na sua espécie que toda a informação adicional sobre a pessoa é percebida e classificada no mesmo nível. O Halo-effect é extremamente manipulador se você falar sobre uma pessoa desconhecida com antecedência. Desta forma, você influencia a percepção de outras pessoas.

Se você perceber que outras pessoas foram manipuladas nesse sentido, use isso a seu favor e considere qual característica é mais útil nesse contexto para se apresentar de maneira especial. Se você pode ler pessoas, você vai ver rapidamente se está lidando com um manipulador. Você pode ver o que essa pessoa está fazendo se conhecer as seguintes técnicas de manipulação. É importante observar e reconhecer os sinais. Com empatia, você pode colocar-se no lugar dos outros e descobrir seus pontos fortes e fracos. As pessoas diferem em tipos racionais, emocionais e são, ao mesmo tempo, um produto da sua socialização.

Se uma pessoa racionalmente pensante tentar manipulá-lo, você não vai chegar mais longe com suas emoções. Faça uma abordagem racional para usar a tentativa de manipulação para seus próprios propósitos. Dessa forma, você dá à pessoa a sensação de que o novo caminho tomado tem origem em suas próprias ideias e concepções. Faça isso com cautela para receber o respeito e a simpatia que você merece.

Se a pessoa com quem você está falando antes e

uma pessoa emocional que decide a partir do instinto, você tem um jogo fácil de usar a manipulação para si mesmo.

Tudo o que tens de fazer é descobrir quais os sentimentos que precisam ser despertos. Se, por exemplo, você demonstrar desamparo, isso tem um grande efeito nas pessoas com síndrome do ajudante. Assim como você, outras pessoas também são influenciadas pelo seu ambiente social. A fim de usar a manipulação para seus próprios fins, você precisa aprender muitas coisas sobre o outro. Estes incluem, por exemplo, complexos de culpa, medos de fracasso e medos de perda. Quanto mais você souber sobre isso, melhor você poderá movê-lo na direção desejada.

Ao segurar um espelho para a pessoa com quem você está falando, você simplesmente vira a mesa sobre ela. Este método vem da programação neurolinguística. As pessoas gostam quando se tem a impressão de que existem semelhanças entre elas e a outra pessoa. Isto torna essa pessoa mais aberta a qualquer reclamações que pretenda fazer.

Por exemplo, faça a mesma postura e use as

mesmas expressões faciais e gestos ou mostre uma postura emocional especial, como alegria ou entusiasmo. Isso permite que você use os mesmos métodos de manipulação e tenha boas chances de usar a situação para seus objetivos.

A manipulação e as tentativas de influência não são aplicáveis na esfera privada, mas também profissionalmente. É importante que assim que você sentir a manipulação de outra pessoa, você tome contramedidas direcionadas e use as técnicas de manipulação para seus próprios propósitos.

Manipular situação e trabalhar com elas com sucesso

Existem diferentes padrões de comportamento que você pode usar para sua meta de influenciar os outros e, assim, aproximar-se de sua meta. Estas estratégias são fáceis de aprender e ajudam a neutralizar manipulações, virar as tabelas e usá-las para sua própria causa.

Se um colega estiver zangado com você, tentar instigar uma discussão e quiser influenciá-lo no sentido de que você é responsável por algo que ele estragou, basta ficar ao seu lado e não na frente dele. Com este gesto, você não aparece mais como uma ameaça ou oponente. O seu colega vai acalmar-se mais depressa. Conseguiste evitar apanhar a raiva imediatamente.

Se precisares de algo de um colega, começa a frase com as palavras "Preciso de ajuda". Esta constelação de palavras aumenta suas chances de obter a ajuda que você precisa.

Ninguém gosta do mau pressentimento quando o

pedido de ajuda é recusado. ("Efeito Benjamin Franklin")

Se o colega disser que não, peça-lhe algo desproporcionado e adie o pedido de ajuda. Como ninguém gostaria de ser visto como um monstro, as pessoas são muito mais propensas a dizer sim.

Se você quiser que alguém concorde com você, acene enquanto fala. Este gesto é muito provável para garantir que o entrevistador também acena com a cabeça e, subconscientemente dá o seu consentimento.

5. Ouça atentamente o que a outra pessoa está a dizer e formule-o com as suas próprias palavras. Isto sublinha, por um lado, que os senhores deputados escutaram atentamente. Por outro lado, você pode influenciar o resultado da conversa com a escolha certa das palavras e da linguagem corporal.

6. se alguém não gosta de você, peça a essa pessoa um pequeno favor. Este não vai te recusar. A ação é justificada pelo fato de que a pessoa então prefere você.

Este fenômeno do pé na porta prepara o caminho para que esta pessoa não recuse um segundo ou terceiro favor.

7. as pessoas são narcisistas e amam ser abordadas pelo nome. Use isto a seu favor para manipular o interlocutor.

8. preste atenção aos seus gestos e use-os de forma sábia e deliberada. Se o seu interlocutor é um bom manipulador, ele pode rapidamente interpretar expressões faciais e gestos. Em combinação com as palavras certas, a linguagem corporal e a postura têm um valor muito mais elevado e constituem uma boa ferramenta que pode ser utilizada nas negociações salariais no emprego, bem como no setor privado.

9. tente sempre manter contato visual com a pessoa na qual está falando. Dessa forma, você demonstra autoconfiança e rapidamente pega a outra pessoa manipulando você. Os olhos são o reflexo da alma. Eles mostram se a pessoa com quem está falando está mentindo.

O teu reconhecimento mostra-lhe que sabes exatamente que ele quer levar-te numa direção diferente.

Se o seu entrevistador responder à sua pergunta, mas você achar que ele está escondendo algo, espere até que ele lhe dê a resposta completa. Faça contato visual sem dizer uma palavra. Com esse tipo de tática de conversação, você influencia a pessoa com quem está falando e provavelmente receberá a resposta completa.

11. dê sempre aos seus semelhantes e colegas a oportunidade de escolher. Isso lhe dá a sensação de que você está no controle da situação. A manipulação associada irá certamente aproximar-te do teu objetivo.

12. Aperte a mão da pessoa com quem está a falar, chefe ou colega. Um aperto de mão caloroso transmite simpatia e é uma boa maneira de influenciar outra pessoa em sua maneira de pensar sobre você.

Como você manipula as pessoas para alcançar seu objetivo

Steve Jobs, o fundador das duas empresas, Pixar e Apple, sempre escolheu maneiras diferentes e únicas de atingir seus objetivos. Eles foram baseados em sua própria realidade e, às vezes, em uma visão distorcida para convencer as pessoas que há apenas a sua visão. Este é um feito notável para desenvolver ainda mais as empresas e colocá-las no topo da classificação.

Ele usou táticas de manipulação, que conscientemente foi usado para convencer os diretores executivos mais poderosos do mundo. Steve Jobs era um gênio da manipulação. Ele apresentou suas ideias com devoção, ele sempre foi brutalmente honesto, trabalhou duro, nunca foi muito bom para a sedução e lisonja, disse que as boas ideias vieram de outros, tomou decisões ou mudou de ideia e ficou atrás deles, resolveu problemas imediatamente e não mais tarde, encontrou pessoas problemáticas diretamente ou tomou o caminho da menor resistência, forjou o ferro enquanto estava quente, usou sua influência e não permitiu nada além da perfeição.

Martin Luther King tinha talentos semelhantes, e seu discurso contra a discriminação e escravidão colocou muito em movimento. Outras personalidades que defenderam uma boa causa e as pessoas seguidas são Nelson Mandela e Mother Theresa. Talvez se lembrem do movimento de Bhagwan nos anos 80, ao qual se juntaram muitas pessoas. Alguns chamavam Bhagwan Shree Rajneesh ao Redentor e outros ao Apanhador de Homens.

O índio pregava abstinência e uma vida de decadência. Ele foi um grande manipulador e conseguiu gerar entusiasmo com seus discursos. Ele tinha a resposta certa para todos. A sua marca registrada foi a manipulação direcionada, o que teve um grande efeito. Não importa onde você olhe, a manipulação em uma direção ou outra funciona maravilhosamente.

As muitas características diferentes das diferentes personalidades podem ser vistas como uma bagatela.

Mas, juntos, eles criam uma imagem única que ganhou o status de cult da Apple, por exemplo. Na Steve Jobs assumiu dimensões indescritíveis que você também pode usar para o seu ambiente, trabalho, contatos sociais, parceria e família. A manipulação nem sempre é negativa, desde que não faça dos outros o seu fantoche.

Através da manipulação, você alcançará uma atitude mais feliz e satisfeita para com a vida se for convincente e estiver por trás de seus desejos, sonhos, mudanças e ideias. Se você quiser influenciar uma pessoa, mostre a ela que a respeita e que a manipulação é necessária para perseguir objetivos comuns. Sinta-se manipulado, questione a influência. Isso porque permite que você reconheça o ponto de vista e os objetivos que a outra pessoa está perseguindo. Se a pessoa for importante para você, você estará disposto a aceitar sua influência se ela estiver de acordo com suas próprias ideias. O grande objetivo da vida é que todos estejam satisfeitos e felizes por si mesmos e na comunidade. Ao influenciar outra pessoa, você se aproxima do objetivo.

Nunca mais seja o fantoche de outras pessoas

A fim de se proteger da manipulação negativa, onde suas emoções são influenciadas e onde há grandes dúvidas sobre sua própria percepção, trabalhar em si mesmo só ajuda a ganhar mais auto-estima e autoconfiança.

Isto inclui que vocês se libertem da existência de suas sombras e finalmente entrem na luz. Para conseguir isso, você deve ter confiança em si mesmo e em seus próprios desejos e metas. As pessoas estão sujeitas a manipulações em tantos domínios, o que é simplesmente permitido. Fica atento a estas coisas. Políticos que abrem a boca, anunciantes e até mesmo familiares e amigos tentam influenciar você. É importante que você reconheça se a manipulação é boa para sua própria causa ou se você perde a autodeterminação e sua própria maneira de pensar como resultado. Cada pessoa é individual e deve ser vista como um indivíduo.

No entanto, existem estes manipuladores que

conseguem perturbar-te completamente e colocar inteligentemente a tua percepção à luz errada.

Normalmente, são as pessoas que são mais confiáveis. Estas experiências são muito dolorosas e podem até levar a danos mentais. Mas, ao perceber que você está sob uma influência negativa, você pode finalmente começar a escapar da manipulação. Enfrente essas pessoas e mostre que você já viu através delas e não quer mais jogar pelas suas regras. Faça suas próprias regras e use sua postura, linguagem corporal e voz para mostrar quem você é. Tens a capacidade e tudo o que tens de fazer é reativá-las.

Max Krone

Volume 2: Manipulação e Linguagem corporal

<u>Volume 1: Psicologia Positiva &</u>
<u>Volume 3: Psicologia para iniciantes</u>,

e outros livros de **Max Krone** estão agora disponíveis na Amazon.
Basta introduzir **Max Krone na** barra de pesquisa da Amazon.

Direitos do autor

Todo o conteúdo deste trabalho, bem como informações, estratégias e dicas estão protegidos por direitos autorais. Todos os direitos reservados. Qualquer reimpressão ou reprodução, mesmo que parcial, em qualquer forma, como fotocópia ou processos similares, armazenamento, processamento, reprodução e distribuição por sistemas electrónicos de qualquer tipo (no todo ou em parte) é estritamente proibida sem a permissão expressa por escrito do autor. Todos os direitos de tradução reservados. O conteúdo não pode ser publicado em nenhuma circunstância. Em caso de desrespeito, o autor reserva-se o direito de intentar uma ação judicial.

Isenção de Responsabilidade e Impressão

O conteúdo deste livro foi preparado e verificado com muito cuidado.

Para a exatidão, completude e atualidade do escrito, no entanto, não pode ser

garantia.

O conteúdo do livro reflete a opinião pessoal e a experiência do autor.

O conteúdo deve ser interpretado de tal forma que sirva para fins de entretenimento.

Ele não deve ser confundido com ajuda médica.

A responsabilidade legal ou responsabilidade pela execução contraproducente, ou interpretação incorreta do texto e conteúdo não é assumida.

<u>Impressão</u>

MAK DIRECT LLC
2880W OAKLAND PARK BLVD, SUITE 225C
PARQUE DE CARVALHOS, FL 33311
FLORIDA
markus.kkober@gmail.com